A CONSTÂNCIA

RAFAEL LLANO CIFUENTES

A CONSTÂNCIA

5ª edição

São Paulo
2022

Copyright © Promoción de Enseñanza y Ciencia

Capa

Gabriela Haeitmann

Dados Internacionais de Catalogação na Publicação (CIP)

Cifuentes, Rafael Llano, 1933-2017
   A constância / Rafael Llano Cifuentes. – 5ª edição – São Paulo :
Quadrante, 2022.
   ISBN: 978-85-54991-70-8

   1. Virtudes - Constância 2. Cristianismo I. Título

CDD-179.9

Índice para catálogo sistemático:

1. Constância : Cristianismo 179.9

Todos os direitos reservados a
QUADRANTE EDITORA
Rua Bernardo da Veiga, 47 - Tel.: 3873-2270
CEP 01252-020 - São Paulo - SP
www.quadrante.com.br / atendimento@quadrante.com.br

Sumário

Uma condição indispensável, 7

Os caminhos da constância, 25

Duas palavras finais, 65

Uma condição indispensável

Não há constância sem ideal

A constância não consagra o imobilismo. É condição de progresso. Quando um navio é fiel à sua rota – quando é constante – avança, chega ao porto de destino. Quando não o é, detém-se ou gira sem rumo, esterilmente. O mesmo acontece com o desenvolvimento do homem ou de qualquer outro ser.

Já observamos a *teimosia* com que uma planta cresce? A semente cai na terra, mas não fica imóvel. Leva desenhada no seu código genético a imagem da árvore que está destinada a ser. E não para até chegar, na realidade do seu desenvolvimento, a identificar-se com essa imagem que misteriosa e inconscientemente traz gravada nas suas células.

O homem não foge a essa lei. É um ser inquieto à procura da sua perfeição. Deus – ao fazê-lo à sua imagem e semelhança – colocou nele uma imensa sede de plenitude. Mas assim como a semente traz gravada nas suas células a imagem da sua própria perfeição e os inexoráveis caminhos para chegar até ela, o homem, pelo contrário – por ser livre –, tem de se propor, ele mesmo, o modelo – o ideal – da sua perfeição e os meios para consegui-la. Ninguém pode conscientemente chegar a ser aquilo que antes não projetou atingir e realizar.

É necessário, porém, chamar a atenção sobre uma ideia fundamental. O homem, que deve escolher livremente o seu ideal de vida, deve também fazê-lo de acordo com os desígnios de Deus. Deus, que nos deu o ser e podia não o ter feito, não nos lançou ao mundo como um barco à deriva. Quem deu a cada estrela a sua órbita, marcou também para nós o roteiro da nossa realização. Fora desse itinerário – que podemos aceitar ou rejeitar, porque não estamos condicionados como uma estrela –, não haverá para nós uma autêntica plenitude.

Deus criou o universo de acordo com um plano infinitamente sábio e nos designou uma missão a cumprir dentro dele. Cada um de nós foi objeto de uma *convocação.* Sim, podemos dizer que cada um de nós nasceu *com-vocação,* isto é, com um determinado objetivo – pessoal e intransferível – a ser atingido.

Essa vocação querida por Deus – vocação divina e sobrenatural – não só não dispensa ou abafa a vocação humana e natural querida por nós – quando é autêntica –, mas, pelo contrário, a potencializa e eleva até à altura do que há de mais digno na condição humana: os ideais humanos nobres integram-se no ideal divino e neles adquirem a sua mais verdadeira expressão.

Deus nos deu a prerrogativa de sermos, de alguma forma, como que coautores da nossa própria criação; deixou em nossas mãos a capacidade de fazer esse grande milagre: o milagre de poder *ser*. Deus não nos impõe a vocação. Oferece-a. E cada um de nós deve incorporá-la a si, tornando o ideal *objetivo* – querido e mostrado por Deus – em ideal *subjetivo*, isto é, desejado com plena consciência, assumido intimamente com a paixão das melhores causas.

Como um escultor escolhe mentalmente o arquétipo em que deseja transformar a mole de pedra, assim nós, ao defrontarmo-nos com o nosso futuro informe, devemos aspirar à imagem ideal em que Deus quer que nos convertamos.

É fácil, deste modo, entender que a constância não existe onde não existe esse ideal – essa vocação livre e responsavelmente assumida –, da mesma maneira que não faz sentido a persistência do escultor em cinzelar a pedra quando não se determinou a fazer estátua alguma. Não são poucas as pessoas que, sem sabê-lo, desanimam na vida, desistem da sua luta, simplesmente porque não têm um ideal ou porque têm um ideal mesquinho.

Este ideal é força de crescimento. É arremetida no sentido da perfeição: é condição prévia e indispensável para se viver a constância.

O ideal não se realiza sem constância

Ao lado desta conclusão, podemos estabelecer outra paralela, traçada em sentido inverso: o ideal não atinge a sua plenitude sem constância. *Quem perserverar até o fim, esse será salvo* (Mt 10, 22).

A perseverança é requisito essencial para salvar – para *consumar* – a vida. Chegar à plenitude do nosso ser é uma grande obra. Mas essa obra não é fruto do entusiasmo de um momento. Exige esforço continuado ao longo da existência inteira.

Houssay, uma das celebridades da biologia moderna, faz uma consideração que se pode aplicar a qualquer terreno, para além da pesquisa científica: «Devo dissipar a curiosa opinião de muitos, de que podem fazer-se descobertas casuais por intuição ou sorte. Não se chega a fazer nenhuma obra científica séria nem descobrir nada, se não se trabalha intensa e prolongadamente. A sorte ajuda os que a merecem pela sua preparação e pela sua laboriosidade; as obras geniais são frequentemente o resultado de uma *longa paciência*. Há uma errônea superstição sobre os prodígios da inteligência natural; mas a verdade é que esta não produz frutos sem um trabalho intenso e perseverante. Quando ouço falar desses inteligentes que não trabalham, penso que, se não o fazem, é porque não são suficientemente inteligentes»[1].

Temos de convencer-nos de que a maior força que o homem possui não é a da sua inteligência, nem a dos seus músculos ou do seu entusiasmo, mas aquela que se conden-

---

(1) Bernard Houssay, *Discurso,* em «Libro Jubilar del Pr. Bernardo A. Houssay», Rev. Soc. Arg. Biol., 1934, vol. X, suplemento, pág. 30.

UMA CONDIÇÃO INDISPENSÁVEL

sa, pela constância, numa vontade de ferro. Quantos homens inteligentes e entusiastas fracassaram por não terem sido capazes de suportar o peso de um trabalho continuado. Quantos que estariam dispostos, num lance de audácia, a arriscar a vida por um ideal, não sabem encarar de frente uma circunstância adversa, talvez pequena, quando esta se prolonga durante anos ou lhes parece revestida de um caráter crônico.

Então – perguntamos – não é a constância mais forte do que a audácia? Não é por cima do entusiasmo, da impetuosidade e da inteligência que a constância triunfa?

Longe de considerá-la como um mal menor ou um recurso necessário para os menos dotados, é necessário encará-la fundamentalmente como um grande dom de Deus, que devemos esforçar-nos por conseguir, seja qual for a nossa situação pessoal. Porque a constância é um acumulador de energia, uma mola secreta que propulsiona todos os empreendimentos, dosando a força segundo as circunstâncias e necessidades.

Era ela que estava escondida no ânimo de um cientista como Pasteur, na luta surda e silenciosa de um santo como o Cura d'Ars, na persistência anônima dos construtores das catedrais góticas: quantos pequenos esforços, quantas pedras colocadas uma ao lado da outra, sem que cada uma delas representasse muita coisa ante a imensidão do conjunto ... Mas a constância aglutina o disperso, consolida o débil e agiganta o pequeno. Sem essa virtude, não haveria nem plenitude nem vitória final.

Se é tão grande a força da constância, não nos parecerá sensato tentar adquiri-la? E onde a encontraremos?

Ela possui e sustenta os seus próprios laboratórios: são os quartos dos doentes, as salas de estudo e de costura, os lugares de oração, os lares onde continuamente se renova o amor entre marido e mulher, as oficinas e escritórios, as salas de aulas e os microscópios, os campos de lavoura, as fábricas e as minas... Seus peculiares processos de elaboração se dão lá onde se cumpre o dever de cada momento, a despeito da monotonia e do cansaço, lá onde, no dizer de São Josemaria Escrivá, se converte «em poesia heroica a prosa de cada dia»[2].

O poder inestimável da constância se destila do sofrimento padecido em silêncio, da tarefa que se termina com perfeição, da peça acabada até o seu último detalhe, do chão esfregado no recanto que não se vê, do sorriso amável perante o desagradável e o inoportuno, do ritmo disciplinado dos afazeres cotidianos, da pontualidade e exatidão no cumprimento do dever... Estes e não outros são os elementos integradores dessa imensa energia que se chama constância.

A constância e o desenvolvimento da vida cristã

Estas ideias têm uma aplicação muito concreta e específica no campo da vida de relação com Deus.

---

(2) Josemaria Escrivá, *Entrevistas com Mons. Josemaria Escrivá,* 4ª ed., Quadrante, São Paulo, 2016, n. 116.

O sobrenatural e o humano, como já vimos, não são duas realidades separadas. Unem-se com a mesma força com que se unem a alma e o corpo no ser humano ou a matéria e a forma numa escultura. Não cabem divisões nem duplas personalidades. Tudo tem de crescer de um modo coerente. O que verdadeiramente devemos conseguir é uma personalidade integral.

Mas a alma e o coração dessa personalidade é a vida espiritual, que deve informar e impulsionar toda a nossa atividade. Por outras palavras, o sentido espiritual e sobrenatural da vida – a orientação para o nosso destino eterno – deve presidir à construção da nossa personalidade: que adianta uma magnífica viagem se não se chega ao ponto de destino? *Que aproveita ganhar o mundo inteiro se se perde a alma?*, pergunta o Evangelho (Mt 16, 26).

Neste terreno – como aliás em todos é imprescindível determinar uma meta: nada se pode fazer sem a força motriz de um ideal. Por isso é necessário que a vida espiritual tenha também – e com maior razão, porque representa o vértice da personalidade – um ideal forte e profundo. E esse ideal é Cristo, perfeito Deus e Homem perfeito.

O Deus onipotente e eterno, criador do universo, fez-se homem para que o homem – reparemos na imensidade desse ideal – tivesse a possibilidade de chegar até à altura de Deus.

Ele desceu até o nosso nível, colocou-se ao nosso lado para nos dizer: *Eu sou o caminho, a verdade e a vida* (Jo 14, 6): eu sou o modelo para conseguires a tua plenitude. Desta forma entendemos por que São Paulo resumia toda a vida cristã em atingir esta meta: ser *alter Christus,* outro Cristo.

Não é certo que cada um de nós está, consciente ou inconscientemente, à procura do seu arquétipo perfeito a quem poder imitar? Não é verdade que, quando em determinado momento aparece uma autêntica personalidade no mundo da arte, da ciência, da política, do esporte, se levanta à sua volta uma onda de entusiasmo, um afã de imitação?

É que as formas imperfeitas, embrioná-rias, que trazemos dentro do nosso ser, aspi-ram ao seu completo desenvolvimento, têm anseios de altura e remexem-se inquietas no fundo da alma quando veem, fora dela, um reflexo daquela perfeição que tanto desejam. E que não poderá acontecer quando, dian-te do nosso olhar, se desenhe toda a infinita perfeição de um Deus feito homem? Não há ser humano que tenha conhecido verdadei-ramente a figura de Cristo e que, ao mesmo tempo, tenha ficado indiferente: Cristo é o *ideal* por excelência.

É preciso colocar diante dos olhos a verdadeira figura de Cristo – não aquela deformada pela rotina, pelos preconceitos, pela ignorância ou pelo fanatismo – para vê--lo como Ele realmente é: essa figura única e irrepetível – Deus perfeito, homem perfei-to –, que condensou num todo, extraordina-riamente coerente, virtudes que dificilmente se encontram unidas numa única pessoa: a fortaleza e a amabilidade, a sabedoria e a simplicidade, a audácia e a prudência, a liderança e a compreensão, a benignidade e a justiça, a temperança e o amor apaixonado pelo mundo e pelos homens.

É necessário que o vejamos ao longo de toda a sua vida: na oficina de Nazaré, ensinando-nos durante trinta anos a santificar o trabalho, a rotina e as canseiras diárias; nos caminhos da Palestina, sentindo com Ele o desejo de salvar *gentes de toda raça e de toda língua* (Mc 16, 15). É preciso, enfim, que o contemplemos naqueles seus últimos momentos, em que nos ensinou a cumprir até o heroísmo a vontade de seu Pai, com aquelas palavras que consagraram para sempre o valor da perseverança: mal-contato *Consummatum est* (Jo 19, 30), tudo está concluído.

O aprofundamento na vida de Cristo representa a superação de uma ideia fria – de um cristianismo apagado – para passar a uma *ideia-força,* que compromete a personalidade inteira com todo o calor das grandes paixões.

A vida de Cristo apresenta-se-nos, desta maneira, como um ideal divino e humano que –

quando conhecido no seu autêntico significado – faz vibrar o coração nas suas fibras mais íntimas, tornando-se a motivação vital e o modelo perfeito da perseverança.

Muitos de nós poderíamos, provavelmente, trazer aqui diversos exemplos que evidenciam esta verdade que acabamos de examinar. Evoco apenas uma lembrança que poderá parecer limitada e insignificante, mas que representa certamente uma amostra significativa entre outros mil casos semelhantes.

Pedro trabalhava como torneiro mecânico o dia inteiro, estudava até bem entrada a noite e levantava-se às cinco da manhã. Um dia, disse-me em tom de confidência: «Antigamente ficava nervoso com frequência. Não aguentava. Quando ninguém olhava para mim, sentava-me de cócoras detrás da máquina e adormecia. Estive a ponto de perder o emprego por causa disso. Tinha vontade de dar um chute em tudo e mandar-me por aí. Mas um dia ouvi falar de que era necessário santificar-se no trabalho de cada dia, que assim nos identificaríamos com Cristo. E resolvi aplicar essa ideia ao que eu chamava a "máquina de tortura". Sabe o que fiz? Pintei com graxa preta uma pequena cruz no fundo de uma engrenagem e, quando já começava a entregar os pontos, olhava para ela e dizia por dentro: a máquina é a minha cruz; se quero ser outro Cristo, tenho que me agarrar a ela. Puxa vida! Aquilo era uma chicotada... Não voltei a cochilar. Consegui sempre terminar a minha tarefa e, desde então, o trabalho parece-me mais leve. No fim das contas, não é brincadeira poder ser outro Cristo!».

Esse é o segredo dos grandes homens: acabar, chegar até o fim, por amor de Cristo, custe o que custar, no que é pequeno e no que é grande, nas parcelas limitadas da nossa vida e na existência inteira, até podermos vir a dizer, também nós, com plenitude de alegria: *Consummatum est.* Há tanta diferença entre morrer dizendo: tudo está acabado, *tudo está consumido,* e dizer: *tudo está consumado,* tudo está plenificado.

Mas para chegar até lá é preciso lutar sem desfalecer, arrancando de nós o que não condiz com a dignidade do ideal escolhido e implantando tudo aquilo que completa e aperfeiçoa os traços dessa figura de Cristo que queremos gravar em nós. E nessa tarefa devemos empenhar-nos a fundo, com a mesma «garra» com que entra na competição um bom esportista.

Entendia muito bem esta verdade aquela mulher forte que era Teresa de Ávila, quando escrevia, referindo-se ao ideal da identificação pessoal com Cristo, à santidade: «Importa muito – ainda mais: tudo – uma grande e muito *determinada determinação* de não parar até chegar a ela, venha o que vier, aconteça o que acontecer, trabalhe-se o que se trabalhar, murmure quem murmurar... ainda que se morra no caminho ou não se tenha coração para os trabalhos que nela se encontrem, ainda que se afunde o mundo...»[1]

---

(1) Santa Teresa de Ávila, *Caminho de perfeição,* 21, 2.

É isto precisamente o que significa a constância: lutar até o fim, sem sucumbir perante o desalento, a falta de motivação sensível, a monotonia estafante ou os obstáculos que nos pareçam intransponíveis.

Os caminhos da constância

Parece que, na vida, aprendemos uma lição bem diferente daquela que nos ensina a virtude da constância: quantos projetos inacabados; quantas vidas que começam vigorosamente, em grandes empreendimentos, e se diluem mais tarde em futilidades, em sonhos ou em vulgaridades; quantas existências semelhantes a esses romances pretensiosos que começam com períodos brilhantes e terminam sem pena nem glória, sem ponto final, esfumando-se na mediocridade!

Por que aquela pessoa, possuidora de tão altas qualidades, terminou convertendo-se num medíocre? Por que aquele estudante, depositário de tantas esperanças intelectuais, acabou identificando-se com o profissionalismo mais vulgar? Por que aquele outro, que assumiu o nobre compromisso de viver o Cristianismo a fundo, acrescentou o seu nome à lista dos vencidos e dos tíbios?

Foi por falta de força? Não é provável. Não era uma pessoa apática, incapaz de arquitetar projetos e entusiasmar-se com eles. Por falta de decisão ou de firmeza no rumo a seguir? A sua atitude não parece revelá-lo. Inicialmente, com efeito, soube analisar todos os elementos envolvidos na escolha, optou oportunamente e assumiu com coragem os compromissos decorrentes: não era uma pessoa irresoluta ou insegura. Qual foi então, em última análise, a razão? Possivelmente apenas esta: não soube perseverar até o fim.

Efetivamente, uma análise dos projetos de vida mal sucedidos revela que a causa mais frequente dos fracassos é precisamente a inconstância, numa percentagem bem superior à de qualquer outra, como a falta de capacidade ou o aparecimento de circunstâncias desfavoráveis.

É natural que uma afirmação tão simples pareça insuficiente ou sugira novas perguntas: o que origina a inconstância? Quais as causas que a motivam? Como superá-las?

Domínio do temperamento

Na inconstância pode estar presente, em primeiro lugar, um elemento congênito, uma raiz temperamental.

A própria constituição psicossomática propicia um comportamento inconstante. É o caso dos que possuem um temperamento emocional. Estes tendem a fundamentar o seu modo de ser em sensações ou sentimentos que são, por sua própria natureza, eminentemente mutáveis. Por isso a sua vida também o é.

Não é difícil encontrar este tipo de pessoas, que são capazes de determinações vibrantes – aparentemente fortes, pela energia com que as assumem – e que, decorrido algum tempo, as abandonam, alegando que já não têm as mesmas disposições, que se sentem inertes perante os motivos que as levaram à sua decisão.

A razão é clara: quando a vontade não é intensamente solicitada por uma emoção, torna-se indiferente e apática. Estas pessoas entusiasmam-se cem vezes e cem vezes desanimam. Em consequência, as suas vidas, longe de possuírem uma harmonia íntima, parecem-se mais a uma colcha de retalhos.

São vidas feitas apenas de estalos brilhantes, como relâmpagos que, em um segundo, esbanjam milhões de quilowatts iluminando centenas de quilômetros quadrados para, um instante depois, deixarem a noite novamente sumida na sua escuridão. Com essa energia gasta inutilmente, dizem os físicos, poderia iluminar-se, por um longo período, uma grande cidade. Assim ocorre na vida de muitos. Consomem energia em grandes sentimentos. Explodem de entusiasmo imaginando projetos fantásticos. E depois, a escuridão e o desalento.

Perante essas tendências temperamentais, não deveríamos assumir uma atitude estoica ou fria, nem depurar o nosso caráter de qualquer emoção. De modo nenhum. O entusiasmo mobiliza todas as forças da alma e empresta-lhes calor e ímpeto. A superação dessa descontinuidade no agir não se consegue extirpando o entusiasmo, mas dominando-o. Isto é, como se faz com a energia elétrica, transformando, na turbina do caráter, a avalanche das emoções em força estável, capaz de ser depois condensada nos acumuladores da vontade, domesticada e distribuída nos fios condutores das ações diárias.

É necessário, por outras palavras, que os ideais que provocam em nós altas emoções se aprofundem na alma com a meditação continuada, cristalizem em *convicções* e se traduzam em decisões concretas exequíveis, fixadas num plano que determine etapas e meios. Desta forma, para além do entusiasmo, permanecerá uma rede completa de ideias e hábitos operacionais robustos, que garantem a continuidade dos nossos empreendimentos.

O nosso espírito descansa e ganha eficiência quando consegue converter ideais e sentimentos em propósitos de contextura simples. Que grande coisa supõe que alguém, por exemplo, possa dizer: «Se não for fiel a este horário, não serei fiel à missão que me foi confiada por Deus». Porque, caso contrário, que significaria ser fiel a um ideal? Ser fiel, porventura, a puros estados de ânimo?

Quando alguém cria fora desses estados subjetivos uma linha objetiva e prática de conduta, continua caminhando na mesma direção, ainda que o entusiasmo desapareça, momentaneamente ou por um longo período de tempo. E o faz porque sabe que ser fiel a essa caminhada, feita de pequenos passos, é ser fiel à grande meta do seu destino.

Poderá, talvez, parecer a alguém pouco espontâneo este modo de comportar-se. Mas que pretende? Viver da pura espontaneidade animal, dessa sucessão desconexa de vivências que dependem das emoções tanto quanto uma cortiça flutuante depende da correnteza? Parecerá, por acaso, mais humana essa languidez a que amiúde fazem referência algumas personagens de Graciliano Ramos? «Esta inconstância – escreve em *Caetés* – que me faz doidejar em torno de um soneto incompleto, um artigo que se esquiva, um romance que não posso acabar... O hábito de vagabundear por aqui, por ali, por acolá...; e depois dias extensos de preguiça e tédio passados no quarto, aborrecimentos sem motivo que me atiram para a cama, embrutecido e pesado... Esta inteligência confusa, pronta a receber sem exame o que lhe impingem... A timidez que me obriga a ficar cinco minutos diante de uma senhora, torcendo as mãos com angústia... Explosões súbitas de dor teatral, logo substituídas por indiferença completa... Admiração exagerada às coisas brilhantes... E este hábito de fumar imoderadamente, este desejo súbito de embriagar-me quando experimento qualquer abalo, alegria ou tristeza!... Tenho passado a vida a criar deuses que morrem logo, ídolos que depois derrubo – uma estrela no céu, algumas mulheres na terra...»[1].

Este é o ritmo grotesco da espontaneidade animal, daqueles que se deixam arrastar em

---

(1) Graciliano Ramos, *Caetés,* Ed. Martins, São Paulo, 1972, págs. 238-239.

cada momento pelo que mais atrai. A vida de um homem feita desse estofo não tem *se-quência,* é uma fatal *consequência* dos ca-prichos de um temperamento mal dominado. Vida fraccionada. Homem de cem destinos, embrionários todos, ou abortivos.

É mil vezes superior, ainda que pareça frio e secante, ser livremente fiel a um plano de vida que vincule num feixe único as diversas pretensões de um ideal, do que ser «fiel» a es-sas *inconsequências* temperamentais, ainda que pareçam mais naturais e espontâneas.

Vencer inclinações, costumes e hábitos

Mas não podemos considerar o tempera-mento, em abstrato, como causa isolada da inconstância. A seu lado, vão crescendo há-bitos ou vícios adquiridos, que atuam de for-ma dissolvente. Não há possibilidade de que o ideal chegue até o seu completo desenvol-vimento se outros costumes, de natureza di-versa ou talvez incompatível, germinam no mesmo campo.

Os espinhos, ao crescerem, afogaram a boa semente, diz o Evangelho (Mt 13, 7). O ideal semeado era excelente; as disposições, a terra, de primeira qualidade, mas cheia de germes agrestes que, ao medrarem, acabaram abafando o trigo. Não cresce o bom trigo onde não se arrancam os espinhos. É preciso, por essa razão, desconfiar de uma pessoa que, desejando com empenho um determinado ideal, não põe o mesmo empenho em arrancar os hábitos opostos a esse ideal. Não perseverará.

Quem quer que possua a mais elementar experiência da vida sabe que, em face de uma determinação elevada, sempre surge nele um princípio de oposição. Basta que se proponha um ideal superior para sentir, pouco tempo depois, uma força contrária que o impulsiona a abandoná-lo: são os espinhos, cultivados nos viveiros das ações e transplantados e enraizados na vontade, em forma de inclinações ou hábitos, que se levantam para expulsar os ideais que querem compartilhar com eles o domínio da alma.

Uma pessoa, por exemplo, num momento de profunda revisão de vida, faz os melhores propósitos, e poucos dias mais tarde começa a sentir em si as sacudidelas dos seus antigos tiranos, que reclamam o domínio exclusivo da alma. A preguiça, a vaidade, o prazer e a ambição desordenada levantam a sua voz de protesto.

E se não se está atento, estas vozes que inicialmente apenas se insinuam, vão invadindo os espaços interiores, encontrando ressonância na nossa congênita desordem e enfraquecendo aos poucos as nossas determinações, até chegarem, talvez, a converter o nascente trigal num mato cheio de espinhos.

E ainda se pode cometer um erro mais funesto: justificar a infidelidade. Às vezes, quando se observam as razões que alguns inventam para justificar o abandono do seu dever, compreendemos até que extremo é forte o poder de um hábito viciado: até chegar a obnubilar a inteligência, ao ponto de levar a considerar excelente a rentabilidade de uma colheita de mato.

Sejamos coerentes. Se um dia nos propomos atingir determinada meta, uma certa virtude, não podemos conservar na alma o vício contrário: *Ninguém pode servir a dois senhores, porque ou odiará um e amará o outro, ou será dedicado a um e desprezará o outro* (Mt 6, 24). Não podemos servir a Deus e ao capricho das paixões. Não podemos cultivar na mesma área trigo e espinhos. É preciso optar. Quem quer o fim, deve querer os meios. O alpinista que se apaixona pelo cume, agarra-se também com paixão à corda que o leva até lá, ainda que lhe queime as mãos.

A luta contra a vaidade

Quem se deixa dominar pela vaidade nunca poderá ser fiel a um compromisso sério. A vaidade é um veneno mortal para qualquer empreendimento de valor: este exige muitas horas de trabalho oculto, e a vaidade, ferida no mais íntimo pela obscuridade e pelo anonimato, derrama, pela chaga aberta, preguiça e tédio, até afogar as melhores determinações.

Essas horas de estudo dedicadas a matérias básicas, pouco atrativas mas fundamentais; esses trabalhos domésticos, aparentemente vulgares e, no entanto, necessários; essa persistente e tantas vezes árida tarefa do cuidado e educação dos filhos; essas lutas surdas nos alicerces da alma para dominar o temperamento ou conseguir uma virtude...; essas ocupações todas, aparentemente destituídas de colorido, pouco favorecem as exigências ruidosas da vaidade. E se esta é poderosa, rebela-se irritada e impõe ditatorialmente as suas pretensões, abalando, às vezes, decisões importantes.

Uma pessoa amadurecida compreende que, para perseverar em qualquer campo, é necessário desprender-se da vanglória. Sabe que os empreendimentos construtivos não têm geralmente uma expressão espetacular, não oferecem espelhos para recrearmos o nosso narcisismo. Está convencida de que autêntico herói não é aquele que, num lance de audácia, brilha por um momento no firmamento da história ou que galhardamente desfila – sob o olhar expectante da multidão – ao ritmo de marchas empolgantes. Não ignora que verdadeiro herói é aquele que cumpre com o seu dever um dia e outro, até o fim..., indiferente aos aplausos e hinos triunfais. É o pai fiel, a mãe sacrificada, o trabalhador honesto, tenazmente responsável nas suas obrigações, o apóstolo que queima a sua vida sem pretender outra coisa que a glória de Deus e o bem dos homens...

Mas é também aquele que, no fim da sua vida, olhando para trás, não verá o tempo dispersar a fumaça da vaidade, nem sentirá a nostalgia de quem diz: tudo está *consumido.* Um homem assim, ao acabarem os seus dias, poderá serenamente dizer: *missão cumprida.* Ou, com Jesus: tudo está consumado. *Consummatum est.*

A nossa verdadeira imagem

Ainda representa um maior perigo esse irmão mais velho da vaidade que é o orgulho. E isto por vários motivos.

É certo que o orgulho, como a vaidade, serve de estimulante naquelas atividades que exaltam a própria excelência, mas esse estímulo, por ser artificial como uma droga, facilmente leva, por um movimento pendular, ao abatimento. E é precisamente este o primeiro motivo pelo qual o orgulho conduz à inconstância.

O homem orgulhoso constrói com a imaginação uma moldura dourada bem maior do que seu retrato. E depois tenta esticar a imagem da sua personalidade para que seja proporcional à moldura: agiganta qualidades, inventa virtudes que não possui, esconde defeitos patentes, faz uma hábil propaganda dos seus dotes, representa fingindo o que não é, dilata ao máximo e com grande esforço as suas possibilidades; vai esticando, esticando a sua figura até que termina arrebentando como a borracha quando ultrapassa o limite da sua elasticidade.

Esta tendência ao *gigantismo* primeiro estimula, depois inquieta, e finalmente esgota, porque ninguém pode passar a vida inteira forçando a natureza ou representando uma peça de teatro. E se nesse momento de estafa a pessoa não tem a suficiente clarividência para diagnosticar a origem do seu abatimento, ao ver a sua imagem desintegrada ou reduzida a um ponto insignificante, poderá cair num estado de frustração inconsolável. Mais do que inconstância, isto representa para essa pessoa uma verdadeira quebra da personalidade.

Será preciso ensinar-lhe a não sonhar com fantasias; a desejar o máximo dentro de umas possibilidades limitadas, que em cada momento se vão abrindo progressivamente; a ser idealista sem cair no *quixotismo*; a não criar, enfim, molduras monumentais inadequadas à sua personalidade. Parece mais necessário, ainda, ajudá-la a levantar-se com humildade para começar de novo, confiando mais em Deus, colocando na sua frente metas iniciais menos chamativas e mais exequíveis, e determinando os meios para atingi-las.

Mas há um segundo motivo que nos faz passar do amor próprio para a inconstância:

o homem orgulhoso é impaciente. Basta analisar a natureza absorvente e desmedida das suas pretensões: o orgulhoso deseja a sua realização de um modo imediato, impreterível. Os objetivos que caem sob o olhar da sua ambição adquirem uma importância tal que não admite nem insucesso nem demora.

É que não concebe que possa haver falhas na sua personalidade. Mais ainda, pensa que tem o direito de receber, sem dilação, essa qualificação, esse título, esse privilégio, precisamente por causa do seu valor pessoal. É como se não reconhecesse as limitações próprias de toda a criatura e quisesse que os seus desejos fossem efetivados imediatamente, pelo mero impulso do seu querer: como se fosse Deus.

Por isso não sabe esperar. Não compreende que é inseparável da condição humana a necessidade de que, entre o projeto e a sua realização, exista um intervalo de tempo – às vezes longo – que deve ser superado com paciência.

Porque o responsável na demora do seu sucesso – segundo pensa – não é o seu modo de ser e de agir, mas, conforme os casos, a escola, a família, a empresa, os colegas, os superiores... que não reconhecem as suas qualidades nem lhe retribuem como merece. E provavelmente abandonará a tarefa com despeito, desculpando-se, talvez, com aqueles argumentos tão conhecidos: «Assim não tenho condições para prosseguir; não me compreendem, não avaliam as minhas qualidades», etc.

E também correrá o perigo de converter-se num desses velhos prematuros, que destilam bílis em forma de crítica e murmuração. À medida que abandona os seus projetos no meio desta amargura, vai sendo paralelamente abandonado por todos, porque ninguém está disposto a compartilhar a vida desse solitário *lobo da estepe.*

Por um terceiro motivo, ainda, o orgulho leva a afastar-nos da linha diretriz do ideal escolhido. A presunção que acompanha habitualmente o orgulho induz, com facilidade, a desprezar as medidas normais de prudência que são garantia de segurança e continuidade.

Uma pessoa que tenha consciência das suas limitações e fraquezas – e todos nós as sofremos – está inclinada a ponderar e agradecer os conselhos que chamam a atenção sobre algum perigo ou assinalam as cautelas necessárias ao bom êxito de uma tarefa. O homem presunçoso, pelo contrário, pensa frequentemente que esses conselhos poderiam talvez ser úteis para a maioria, mas não para os que, como ele, possuem uma capacidade superior.

Por isso não gosta de receber advertências: «Será que não sabem que sou suficientemente inteligente para descobrir por conta própria todas essas coisas?», pensa ele no fundo. É possível que, sem articular de um modo explícito essa ideia, venha a concordar veladamente com essa petulante «filosofia» que há uma década se via escrita, em forma de lema, em cima da mesa de alguns escritórios: «Obrigado pelo palpite. Sei errar sozinho».

Talvez esse homem presunçoso não se atrevesse a escrever algo parecido, mas de ordinário a sua atitude parece indicar que, virtualmente, adotou o mesmo critério: sente-se irritado ou humilhado quando alguém, para o seu bem, o adverte de um erro ou lhe mostra o risco que corre se continua na mesma linha de conduta; e, por causa dessa atitude refratária, termina perdendo o critério para uma sadia autocrítica e cometendo os erros mais infantis. Tudo isto acaba finalmente em desânimo.

Um desdobramento paralelo do mesmo fenômeno conduz o homem orgulhoso a ocultar as suas limitações e falhas, quer para não sentir vergonha ao confessá-los, quer para não provocar nos outros ideias menos favoráveis a seu respeito. Esse homem pensa: «Tenho de cuidar da minha imagem»; e sem reparar, pouco a pouco, vai falseando a sua personalidade de acordo com o papel que julga dever representar em cada momento.

Se representa o papel de um modo inteligente, chegará a enganar os outros – e até a si mesmo –, conseguindo confundir a máscara com o rosto. Mas a debilidade interna, longe de diminuir, aumenta, já que, ao ser dissimulada, não é tomada em consideração. E pode acontecer o que se passa com essas árvores gigantescas, que não resistem à passagem do vendaval, enquanto outras, aparentemente mais débeis, saem da prova airosamente. A aparência robusta das primeiras escondia a podridão das raízes.

Que estupor levanta a infidelidade de personalidades tidas como muralhas, a deserção de homens considerados inabaláveis! Como explicar um desmoronamento tão repentino? Foi uma súbita loucura? Ou uma pressão externa arrebatadora? Provavelmente, não. Via de regra, não há quedas fulminantes: há infidelidades lentas e dissimuladas. A circunstância foi só o último empurrão que, longe de provocar o mal, simplesmente o descobriu, como a tempestade, que desvenda à luz do sol uma podridão longamente escondida na medula do tronco.

Todos nós cometemos erros. O orgulhoso, também. Mas este sente mais acentuadamente a repugnância em reconhecê-los, arrepender-se deles, confessá-los e recomeçar a luta. Esconde-os, recalca-os e, aos poucos, esses erros vão fermentando até terminarem por corromper a alma.

É outra a segurança de um homem humilde, muito embora seja fraco e pecador. Recebe uma grande força ao reconhecer abertamente a sua fraqueza, dizendo: *Pai, pequei contra o céu e contra ti* (Lc 15, 18-21). É reconfortante o abraço de um Deus que lhe sai ao encontro... O homem que reconhece humildemente as suas fraquezas e as confessa, recebe do Senhor o perdão, a graça – a vida da alma –, ânimo para recomeçar e, com o tempo, a fortaleza das rochas. Uma fortaleza que é infinitamente maior do que a fortaleza de um caráter bem firmado, porque é a fortaleza que vem de Deus.

A superação do sensível

Como já vimos, a constância exige fidelidade a um ideal ou, mais concretamente, fidelidade a esses pequenos deveres e propósitos que formam o caminho do ideal grande.

Ora, essa fidelidade reclama necessariamente a superação do mundo puramente sensível, porque o cumprimento do dever, com frequência, não é precisamente o mais agradável à sensibilidade, o mais apetecível.

Neste sentido, escreve o psiquiatra Viktor Frankl: «Se realmente víssemos no prazer todo o sentido da vida, em última análise a vida parecer-nos-ia sem sentido. Se o prazer fosse o sentido da vida, a vida não teria propriamente sentido algum... Se alguém há a quem a própria vida ainda não tenha suficientemente convencido de que não se vive para "gozar a vida", consulte a estatística de um psicólogo experimental russo que, certa vez, mostrou como o homem normal experimenta, em média, nos seus dias, incomparavelmente mais sensações de desprazer que de prazer. Aliás, a experiência cotidiana põe já de manifesto quão insatisfatório é o princípio do prazer, não só enquanto visão da vida, e portanto na prática, mas também na teoria. Assim, se perguntamos a um homem por que não faz isto ou aquilo que a nós nos parece ter sentido, e ele nos dá como "razão": "Não tenho nisso prazer nenhum", – logo tomamos esta resposta por insatisfatória. Imediatamente nos salta à vista que essa resposta não é propriamente resposta alguma, pela simples razão de que nunca podemos fazer valer o prazer ou o desprazer como verdadeiro argumento a favor ou contra o sentido de uma ação»[2].

Se o critério para agir fosse o princípio do agrado ou do desagrado, quem cumpriria com o seu dever? Quem se levantaria às seis da manhã para ir ao trabalho ou à escola? Quem sairia de casa quando está cansado ou faz frio, para visitar um amigo doente ou um parente necessitado? Quem seria fiel ao casamento, quando a esposa ou o marido estão doentes? Se um pai ou uma mãe abandonassem os seus filhos no momento em que o cuidar deles se tornasse pesado ou desagradável, quantos lares desamparados!

---

(2) Viktor Frankl, *Psicoterapia e sentido da vida,* 6ª ed., Quadrante, São Paulo, 2016, págs. 97-99.

Pois é isso exatamente o que faz quem está dominado pela sensibilidade: não perseverará em nenhum dos seus compromissos, deixar-se-á vencer pelo travesseiro, largará os livros para divertir-se, trocará a esposa doente pela secretária bonita, será incapaz de sobrepor Deus ao seu comodismo, procurará derivativos agradáveis que o afastem de casa quando a mulher e os filhos são uma carga, abandonará uma vocação divina por um pedaço de carne...

Não é verdade que se alguém nos declara, sem alegar outros argumentos: «Faço isto porque é gostoso; deixo de fazê-lo porque não é agradável», parece, ao mesmo tempo, afirmar que a vida está feita para ser saboreada como se fosse um pirulito de limão ou de hortelã?

Em face destas ideias, já estamos vendo fechar-se um rosto ou enrugar-se uma fronte em sinal de reprovação, ao mesmo tempo que nos parece escutar as já tão conhecidas justificativas: «Mas é que eu sou assim, não posso *recalcar o* meu feitio... Sabe, eu sou de muito comer, de muito beber, de muito dormir... Parece que não posso viver sem essas aventuras, sem esses *amoricos,* sem esses meus bem reforçados aperitivos... No fim das contas, é esse o meu caráter...». Talvez não se atreva a acrescentar: «É essa a minha *vocação*», porque realmente parece um pouco forte dizer que se tem *vocação de vira-latas.*

É insustentável elevar à categoria de caráter – muito menos de *vocação* – essas mudanças de comportamento que acompanham o ritmo do que é mais *gostoso,* esse perambular daqui para acolá, esse mexer e remexer à procura de sensações e experiências mais agradáveis e novas, esse explorar cada partícula da sensibilidade, mordiscando cada pedaço de lama, fuçando cada lata de lixo...

O homem *vira-latas* é o homem *anti-vocação, é o* homem *anti-fidelidade.*

E este homem existe: é o que está dominado pela paixão do prazer. É o homem que, como Esaú, pode vender o seu nobre destino por um prato de lentilhas. Sempre que se lê essa passagem do Antigo Testamento (cf. Gn 27, 1-46), não se pode deixar de ficar impressionado. Como é possível que um homem seja capaz de trocar o que considera a coisa mais digna – a herança, a primogenitura – por um prato de lentilhas? Mas por que admirar-se tanto, se lemos todos os dias a mesma passagem na vida de quem joga fora vinte anos de fidelidade em troca de um amor epidérmico?

Não é para surpreender-se. Cada um de nós traz um Esaú escondido na sua fragilidade, e em qualquer momento pode o prato apetitoso apresentar-se enfeitado sob os encantos de uma tentação, uma tentação que às vezes cega. Quando Esaú reclama de Jacó a comida, só enxerga a satisfação do seu apetite: *Que me importa a minha primogenitura?* (Gn 25, 31). Depois, quando cai em si, chora desesperadamente.

A tentação que cada um de nós pode sofrer não é perigosa pelo mal escondido que traz no coração, mas pelo sorriso atrativo que desenha nos lábios. É isto que nos cega. Obnubila, precisamente, pela sua aparência de bondade e até de virtude: e a primogenitura, a honra, o prestígio, todo um ideal de vida se vende por um prato de lentilhas.

O choro de Esaú, estéril e tardio, pode supor uma poderosa advertência: se não soubermos vencer os pequenos apelos do mundo sensível – na hora de cumprir o dever, de superar o frio e o calor, no momento de começar o dia, na curiosidade do olhar, no gosto de sentir e de experimentar, ou em tantas coisas mais –, não saberemos também vencer as grandes batalhas em que entra em jogo a nossa perseverança e, portanto, o nosso destino.

É evidente que quem tomar como orientação da sua vida seguir *o menos custoso* ou *o mais gostoso* não poderá ser fiel a nenhum compromisso, fracassará em todos os seus empreendimentos, terminará vendendo-se a quem pague por ele o preço da mais elevada sensação, e por último chegará a sentir – muito mais ardentemente do que qualquer deleite – a mordida da frustração.

A diligência e a laboriosidade

A preguiça não deixa de ser uma manifestação mais da sensibilidade descontrolada, porque pretende, afinal, satisfazer *o prazer do menor esforço,* que pode vir a transformar-se em algo tão dominante como a mais poderosa das paixões. Observemos o que, a este respeito, escreve agudamente Balmes:

«O homem ama as riquezas, a glória, os prazeres; mas ama também o *não fazer nada*; verdadeiro gozo a que algumas vezes sacrifica sua reputação e bem-estar...

A preguiça, isto é, a paixão do repouso, tem para triunfar uma vantagem sobre as demais paixões: é que nada exige de nós. Com efeito, o objeto da inação é puramente negativo. Não se pode conseguir uma posição elevada sem muita atividade, esforços e constância. Um nome glorioso supõe títulos que o mereçam, e estes títulos não se adquirem sem fadiga. O amor das riquezas impõe trabalho perseverante, combinações hábeis; até os prazeres mais rasteiros não se alcançam sem os procurar; são o prêmio de certos esforços. Toda a paixão demanda labor, só a preguiça é que nada exige. Satisfá-la-eis melhor assentados que de pé, melhor deitados que assentados, melhor a dormir que acordados. Sua tendência é o próprio nada; o nada é seu limite extremo. Quanto mais o preguiçoso se aniquila em sua existência, mais é feliz»[1].

É evidente que esta *paixão da ociosidade*, esta negligência e comodismo no comportamento, é uma fonte copiosa de infidelidades e inconstâncias. Porque o preguiçoso não quer fazer nada que o canse, e qualquer empreendimento lhe parece oneroso, ainda que seja apenas pela continuidade que exige a sua realização e pela natural monotonia inerente a qualquer ocupação reiterada.

Se a menos cansativa das tarefas, quando se repete, acaba por cansar, e o preguiçoso não suporta o peso do cansaço, é óbvio que

---

(1) Jaime Balmes, *O critério,* 2ª ed., Livr. Int. de Ernesto e Eugênio Chardron, Porto, 1877, caps. XXIV-XXV, págs. 257--258.

será incapaz de perseverar em nada de sério e estável. Qualquer projeto que inicie estará fadado ao fracasso. Ele mesmo, aliás, já é, prematuramente, um destino frustrado.

Assim o revela expressamente a Sagrada Escritura: *Passei perto do campo de um preguiçoso... e eis que os espinhos ali cresciam por toda a parte, o mato cobria-lhe a superfície e o muro de pedra estava por terra... Um pouco de sono, um pouco de sonolência, um pouco cruzar as mãos para dormir, e a tua pobreza virá como um vagabundo e a tua indigência como um homem armado* (Pr 24, 30).

Não há cultivo, não há muro, não há ideal que se mantenha em pé quando quem pretende sustentá-lo está a fazer continuamente pequenas concessões à preguiça: um pouco de atraso ou de interrupções no horário de estudo ou de trabalho, um inútil programa de televisão que se torna hábito diário, um adiamento costumeiro dos assuntos e obrigações mais pesadas, um desleixo em propósitos feitos com a firmeza de um compromisso....

e a inconstância vai fazendo o seu trabalho demolidor, e o muro vai desabando...

O Livro dos Provérbios define com muita exatidão o inconstante: *Vult et non vult: piger!* Ora queres, ora não queres: és um preguiçoso! (Pr 13, 4). O inconstante e o preguiçoso são, no texto bíblico, duas personalidades que se identificam. Com notável clareza se exprime no mesmo sentido o seguinte comentário de Balmes:

«A inconstância... não é, no fundo, senão uma preguiça disfarçada. A inconstância substitui um trabalho por outro para evitar o enfado de sujeitar a atenção e para fugir à continuidade de uma ação determinada. Assim é que, geralmente, os preguiçosos são forjadores de projetos. Os projetos, vasta carreira aberta a divagações, nenhuma sujeição exigem do espírito. É também por isso que sucessiva e simultaneamente gostam de empreender muitas coisas, com a condição, todavia, de nenhuma levar a cabo»[2].

---

(2) *Ibidem,* cap. XXIX, pág. 261.

Existe uma tendência universal para gozar dos frutos do trabalho sem sofrer as suas fadigas, mas existe também uma lei universal que nos ensina que não há progresso sem trabalho. A preguiça e a inconstância revelam um paralelismo tão perfeito quanto a laboriosidade e a perseverança.

O laborioso vence antes e melhor do que o inteligente. No terreno profissional, intelectual e espiritual, chega mais longe aquele que habitualmente vence a preguiça do que o superdotado. Por isso é necessário pormos em movimento os nossos naturais desejos de autossuperação, através de incentivos concretos e pequenos exercícios que ampliem a nossa capacidade de trabalho, a fim de adquirirmos – com o tempo – um forte hábito de laboriosidade, indispensável para perseverar em qualquer empreendimento.

Ultrapassar os obstáculos com espírito esportivo

A inconstância pode também resultar não tanto de fatores internos – como os que acabamos de ver – mas de um obstáculo externo que se interpõe no nosso caminho.

Ouvimos frequentemente dizer à nossa volta ou sentimos dentro de nós protestos parecidos a estes: «Tudo ia tão bem, e de repente aparece este maldito problema!... Tantos esforços, tanto tempo para conseguir esse objetivo e agora que tudo estava tão perto... esta rasteira do destino! Assim já não tenho condições de prosseguir... Chega!»

Por pouca idade que tenhamos, certamente já teremos aprendido que a vida não é fácil. Estamos expostos em qualquer momento a ser surpreendidos por um problema econômico, um desastre, uma injustiça, um mau negócio, uma incompreensão, uma doença, uma mudança das circunstâncias sociais e políticas ou, enfim, por qualquer outro motivo que se levante diante de nós como uma muralha, barrando o nosso avanço. Pode acontecer então que algo dentro de nós queira aliar-se àquela dificuldade externa, franqueando a passagem ao derrotismo.

Há impedimentos sem dúvida intransponíveis. Mas quase sempre é possível, com tenacidade, ultrapassá-los, como fazem os alpinistas nas suas escaladas; ou pelo menos contorná-los por veredas de circunvolução que tornam mais longo o itinerário, mas acabam também levando ao cume.

No entanto, para chegar a possuir esta têmpera, é necessário antes de mais nada assimilar a primeira lição que nos ensinam os homens fortes: considerar as dores e as contrariedades como «assuntos de rotina».

Quem imagina a vida como um *romance de aventuras* ou uma *telenovela sentimental,* quem sempre teve à mão todos os recursos econômicos, todas as facilidades sociais e profissionais, todo o conforto, não está preparado normalmente para vencer nas grandes *jogadas* da vida. Quem não soube dominar os seus gostos e tendências desordenadas, quem nunca se esforçou por controlar o seu temperamento e disciplinar os seus defeitos, não possui reservas de energia suficientes para superar com êxito essas provas que medem o verdadeiro valor da nossa vida. Quem assim procede é como se tivesse, na ordem moral, um organismo carente de defesas: quando uma grave doença o atacar, não será capaz de sobreviver.

As dificuldades, como os vírus, rodeiam-nos por todos os lados. Perseguem-nos a todos. Também aos «mimados da vida». E são estes precisamente os que estão menos capacitados para enfrentá-las. Não souberam nutrir a sua alma com alimentos fortes. Acomodando-se a tudo, não se preocuparam de vencer os pequenos obstáculos e assim vacinar-se contra os grandes e, quando estes aparecerem, não disporão da vitalidade suficiente para vencê-los.

Não foi em vão que se escreveram há quinze séculos, como imagem do comportamento humano, as seguintes palavras: «As árvores que crescem em lugares sombreados e livres de ventos, enquanto externamente se desenvolvem com aspecto próspero, tornam-se por dentro moles e fofas, e facilmente se quebram ou as fere qualquer coisa; no entanto, as árvores que vivem no cume das montanhas mais altas, agitadas por muitos e fortes ventos, e que estão expostas à intempérie e a todas as inclemências, golpeadas por fortíssimas tempestades e cobertas de frequentes neves, fazem-se mais robustas que o ferro»[3].

Assim acontece aos homens: não reparamos no contraste que oferece a figura do chamado «filhinho de papai», com a estrutura férrea de um homem educado na escola da austeridade?

Como estacas de ferro espetadas num bloco de concreto, inamovíveis. Assim temos de aprender a ser desde a mocidade: familiarizando-nos com as privações, o desconforto, a escassez, o frio e o calor, as separações, as doenças e os sofrimentos. Não procurando-os insensatamente, mas acolhendo-os com garbo, como quem comanda a vida e não como quem, penosamente, a suporta. Não com mentalidade de escravo ou de vítima, mas com o senhorio de um filho de Deus. Só vivendo assim conseguiremos um dia ultrapas-

---

(3) São João Crisóstomo, *Homilia de gloria in tribulationibus*.

sar os grandes obstáculos e vergar a dureza da vida.

Alexis Carrel, prêmio Nobel de Medicina, escreve de um ponto de vista puramente científico: «É um dado imediato da observação que as atividades fisiológicas e mentais são melhoradas pelo uso, e também que o esforço é indispensável ao máximo desempenho do indivíduo. Quer a inteligência, quer o senso moral se atrofiam, como os músculos, por falta de exercício»[4].

Dizia São Paulo: *Não sabeis que, nas corridas do estádio, todos correm mas um só recebe o prêmio? Correi de tal maneira que o alcanceis! Todos os atletas impõem-se uma rigorosa abstinência: e eles o fazem para conseguir uma coroa corruptível. Nós, porém, esperamos uma eterna. Eu, portanto, corro, não como quem corre na incerteza; luto, mas não como quem açoita o ar. Ao contrário, castigo o meu corpo e mantenho-o sob o meu domí-*

---

(4) Alexis Carrel, *O homem, esse desconhecido*, Edit. Educação Nacional, Porto, pág. 254.

nio, a fim de não me suceder que, depois de ter pregado aos outros, venha eu a ser rejeitado (1 Cor 9, 24-27).

Da mesma maneira que um montanheiro ou um alpinista, em treinamentos progressivos, se vai aclimatando às grandes alturas e familiarizando-se com os seus perigos e asperezas, até conquistar os mais altos cumes, assim o homem treinado nas pequenas e médias contrariedades consegue um dia superar as grandes.

Não demonstra o atleta a sua capacidade diante dos pequenos obstáculos? A grande altitude apontada pelo altímetro não o amedronta, como aos pusilânimes: representa um acicate. Não se assusta ao verificar as marcas atingidas pelos campeões, mas não pretende ultrapassá-las na primeira tentativa: sabe que precisa de muitos e reiterados ensaios. Assim a vida: as grandes dificuldades medem a estatura moral dos grandes homens.

Quando no seu caminhar um homem tenaz encontra uma forte contrariedade, não pensa, como habitualmente faz o fraco: «Assim é impossível continuar». Pelo contrário, pergunta-se: «Nestas circunstâncias, como poderei continuar»? Só há uma hipótese que não se lhe apresenta: a fuga, o desalentador e covarde «não posso».

Sim, posso! *Possumus!* Podemos! (Mt 20, 22). Porque, se não posso hoje, poderei certamente amanhã ou dentro de um ano; porque, se não posso numa só tentativa, poderei em duas ou em mil; e sempre poderei com a ajuda de Deus, já que *tudo posso nAquele que me dá forças!* (Fl 4, 13).

Afinal, o desportista só conta com a sua energia, o seu preparo físico e talvez com um «técnico» e a sua «torcida». Mas os cristãos contam principalmente com Deus: *Não sabes tu, não aprendeste que o Senhor é Deus eterno, que criou os confins da terra, que nem se fatiga nem se cansa, e que não há quem alcance a sua sabedoria? Ele dá vigor ao esgotado e multiplica as forças do débil; cansam-se os jovens, e os guerreiros chegam a fraquejar; mas os que confiam em Deus renovam as suas forças e criam asas sem desfalecer* (Is 40, 28-31).

Quem tem apenas uma débil vivência do Cristianismo, não pode imaginar a transformação que se opera numa pessoa que chega a confiar realmente em Deus, que vive a seu lado e experimenta a ajuda da sua graça. A paz e a segurança que sente não se perturbam com a contrariedade, e a sua *moral de vitória* dilata-se no meio da adversidade, como a pupila se dilata na noite.

Dificuldades, injustiças, fracassos, doenças, contrariedades... muralhas, cordilheiras... Sim, existirão sem dúvida, para todos. Mas não significarão para todos o mesmo: para os fracos, serão barreiras intransponíveis; para os fortes, um desafio. E para os cristãos, um desafio que, de uma forma ou de outra, se converterá em vitória porque – diz-nos vigorosamente o Senhor – *as águas passarão através dos montes* (Sl 103, 10): a graça de Deus, secundada pelo esforço da nossa colaboração pessoal, vencerá o obstáculo, como as águas ultrapassam as montanhas para chegarem ao mar.

Duas palavras finais

Confiar

Estas palavras finais e decisivas são: *confiar* e *amar.*

«O homem ultrapassa infinitamente o próprio homem»[1], escreve Pascal. O homem deseja – e está destinado a atingir – metas que superam a sua capacidade natural: necessita, por isso, em tudo e por tudo, de confiar-se ao poder sem limites de Deus. Recusar-se a aceitar esta verdade não representa apenas um erro de perspectiva, mas também uma

---

(1) Pascal, *Pensées,* n. 434.

pueril insensatez que está na origem de inúmeros malogros.

Será Pedro da Galileia quem nos ensinará com a sua atitude uma importante lição. Tinha ele passado a noite inteira sem nada pescar. Estava à beira da praia, cansado do mar, lavando as suas redes. E o Senhor aproxima-se dele para lhe dizer algo insólito: *Duc in altum! Guia mar adentro, e lança as tuas redes para pescar* (Lc 5, 4).

«Mas como?» – poderia retrucar o espírito humano, impregnado da sua costumeira autossuficiência. – «Depois de ter gasto durante tantas horas – e as mais propícias da noite – todos os recursos da minha experiência marinheira sem conseguir apanhar um só peixe, terei agora de seguir o conselho de um profano no ofício, que me convida a lançar-me novamente ao mar, em pleno dia, no momento menos favorável para a pesca?».

Algo deste espírito parece transparecer nas primeiras palavras da resposta de Pedro: *Mestre, toda a noite estivemos trabalhando e nada apanhamos; porém...*

Neste *porém,* Pedro dá uma reviravolta total ao seu pensamento: passa da autossuficiência humana para a confiança em Deus. *Porém, confiando na tua palavra, lançarei a rede.*

E da afirmação passou à ação. A golpe de remos – o cansaço ficou na praia –, empurrou a barca para águas mais fundas. Com um impulso vigoroso lançou a rede, de proa a popa, em ampla curvatura. E diante de seus olhos começa a acontecer o inacreditável sonho de um pescador: as boias de cortiça afundam-se num instante e a rede torna-se pesada como o chumbo: um mundo de peixes volumosos pula em torno da barca, brilhando contra o sol. O impossível tinha acontecido. Era o grande milagre.

A nós também o Senhor nos fala. No meio das nossas decepções e quebrantos, quando experimentamos as canseiras da vida ou a monotonia do cotidiano, quando nos sentimos talvez tentados a sentar-nos tranquilamente na praia, à beira dos nossos deveres, Jesus passa ao nosso lado para nos dizer, como a Pedro: *Duc in altum!* Não fiques na praia do comodismo, lança-te ao alto mar dos teus ideais, não abandones o roteiro das tuas nobres ambições de serviço!

Mas estamos tão cansados que algo por dentro nos incita a responder: «Quantas vezes comecei, tantas vezes fracassei. Quantos esforços para tão fracos resultados... No fundo da minha rede somente ficou o desânimo. É melhor deixar as coisas como estão, Senhor; não tenho já mais fibra para lutar».

E talvez tenhamos razão. Porque trabalhávamos movidos mais por motivos humanos do que por motivos sobrenaturais, porque contávamos demasiado com a força da nossa vontade e nos apoiávamos pouco na graça de Deus.

Mas é a hora de uma virada radical, o momento de uma *conversão* aos valores e às forças essencialmente sobrenaturais; é então que devemos pronunciar precisamente as palavras de Pedro: *in verbo tuo, Domine!* Senhor, tenho vontade de largar tudo, *porém, confiando na tua palavra,* voltarei a tentar! Lançarei a rede!

Esta atitude é a que definitivamente nos salva. Porque Deus nunca decepciona. Porque Cristo está hoje, agora, ao nosso lado, e o seu poder em nada diminuiu.

Não são fantasias de alucinado. Felizmente, são realidades palpáveis, de uma consistência impressionante: Deus vive junto de nós, dentro de nós, escuta-nos e responde-nos. Mas é necessário confiar nEle.

O conhecimento do nosso nada, acompanhado do conhecimento da bondade e do poder de Deus, leva-nos a *esperar contra toda a esperança* (Rm 4, 18) porque chegamos a compreender que Deus nunca nos viria a pedir coisas irrealizáveis. Deus é justo. Se, para chegarmos à meta, nos falta capacidade, não nos faltará a assistência do Senhor. E com ela tudo poderemos: *Tudo posso nAquele que me dá forças!* repetiremos mais uma vez, vitoriosamente, com São Paulo.

Não é difícil confiar em Deus quando deixamos que a fé nos ilumine. Ela revela-nos uma verdade muito simples, mas que pode transformar a vida inteira: o Senhor, que nos ama com um afeto incomensurável de Pai, está mais interessado na nossa felicidade do que nós mesmos. E além disso é infinitamente poderoso.

Não pode desconfiar quem está convencido desta verdade, não pode desanimar quem sabe que, se Deus lhe designou uma determinada missão na vida, lhe dará também, em consequência, os recursos necessários para realizá-la. Uma pessoa que confia em Deus será capaz de dizer serenamente: *Aquele que iniciou em mim a sua boa obra a levará até o fim* (Fl 1, 6).

Amar

Confiar e *amar.* Porque o amor vem antes e vai mais longe do que a confiança. Quem ama confia. E por isso persevera: «Qual é o segredo da perseverança? O amor», diz *Caminho*[2].

---

(2) Josemaria Escrivá, *Caminho*, 11ª ed., Quadrante, São Paulo, 2016, n. 999.

O amor, em termos humanos, é a grande motivação. O amor, na perspectiva da fé, é a grande força do *Espírito* (1 Cor 2, 4). Um homem sem amor, em qualquer terreno, é como um motor sem combustível. Mas um homem com amor é mais forte do que a morte (Ct 8, 6).

Quem se enamora do seu ideal não o deixará. Quem se enamora do seu lar não cairá na infidelidade. Quem se enamora de Cristo não o abandonará[3].

«Tudo o que se faz por amor adquire formosura e se engrandece», insiste novamente *Caminho*[4]. Como muda num segundo o significado de uma ocupação sem colorido quando, de repente, se coloca ao nosso lado a pessoa que amamos! Como se transforma toda a paisagem da nossa existência quando, sem mudar materialmente nada – trabalho, moradia, relações sociais, nível econômico... –, um raio de amor perfura a névoa da monotonia ou das dificuldades.

---

(3) *Ibidem.*

(4) *Ibidem,* n. 429.

O amor provoca um estalido de vitalidade, opera uma transmutação nas disposições mais íntimas, como se num momento todas as forças e possibilidades da personalidade convergissem num mesmo sentido e direção, arrastando consigo todas as canseiras e desânimos. Dir-se-ia que, literalmente, nos levanta do chão. Vale a pena recordar a experiência vivida por Saint-Exupéry, tal como a conta em *Terra dos homens*.

Perdido no meio do deserto africano depois de um desastre aéreo, consumidos os víveres e a água, esgotado pelo esforço da estéril caminhada e devorado pelo sol, capitula, rende-se à imensidão do Saara: «Fiz o que pude. Fizemos o que pudemos: sessenta quilômetros quase sem beber... Eu, por mim, posso muito bem adormecer, adormecer por uma noite ou por séculos. Se eu durmo, não sei a diferença. E depois, que paz!»

Mas no meio daquela depressão física e anímica esmagadora, que traiçoeiramente lhe apresentava como única solução o sono da morte, apareceu nítido um pensamento salvador: «Revejo os olhos de minha mulher – olhos que de agora em diante estarão sempre diante dos meus. Eles me interrogam. Revejo também os olhos de todos os que, talvez, pensam em mim. E eles me interrogam. Toda uma assembleia de olhares censura o meu silêncio». Algo por dentro o remexia, o chacoalhava, o levantava do chão. «Sim! Eu não fico em silêncio, eu não fico parado! [...] Eu respondo! Eu respondo! Eu respondo com todas as minhas forças».

E como se uma força descomunal o arrancasse do chão, ergueu-se da areia calcinada e continuou caminhando: «Sim, esperai por mim, um pouco. Eu chegarei! Eu chegarei!»[5]. Foi assim que – pensando apenas nos outros – fez o esforço colossal que o salvou a si mesmo.

Em cada um de nós – na sequência dessas pequenas depressões quotidianas ou especial-

---

(5) Antoine de Saint-Exupéry, *Terra dos homens,* 20ª ed., Livraria José Olympio Editora, Rio de Janeiro, 1978, págs. 108-109.

mente nesses momentos críticos que a vida nos depara – pode insinuar-se a mesma tentação que assaltou o piloto perdido no deserto: «Já me esforcei mais do que era necessário. Fiz o que pude. Chega».

É a tentação da infidelidade ou dessa outra covardia – em escala menor, porém mais perigosa – da acomodação e da modorra. Todos os argumentos foram levantados. Não houve reação... E então é só o Amor a única força capaz de nos sacudir.

É preciso que, nesses momentos de depressão suicida, apareçam no âmago da consciência os olhos daqueles que nos amam. É necessário que ouçamos lá no fundo uma voz amiga e forte que nos grite: Alguém está à tua espera! É muito fácil deixares-te embalar pela sonolência da irresponsabilidade! Aqueles que dependem da tua fidelidade, que em ti confiam, estão esperando de ti algo mais do que a deserção! E... não pensaste em Deus? Ele não te deu a vocação de traidor. E é o que estás sendo se não lutas até o fim. *Surge! Vocat te!* (Mc 10, 49). Levanta-te, que o Senhor te chama!

Podemos sempre alegar que não sentimos vontade. Mas pensemos: sentia Cristo vontade alguma de entregar-se aos seus carrascos quando no Horto das Oliveiras transpirava sangue? Não nos lembramos de que isso aconteceu precisamente porque teve que forçar a sua vontade para cumprir por amor aos homens a vontade de seu Pai? Será necessário trazermos à memória aquelas suas palavras: *Pai, se é possível afasta de mim este cálice, mas não se faça a minha vontade e sim a tua* (Lc 22, 42)? Não compreendemos que exatamente nessa conjunção *mas* – nessa revirada do gosto sensível para o cumprimento do dever – está encerrado todo o segredo do amor e também da perseverança?

O amor a que nos estamos referindo – nota-se claramente – não é um puro sentimento. Se fosse assim, bem fraco seria o fundamento da nossa perseverança porque – já o vimos – os sentimentos mudam como a temperatura ou a pressão atmosférica.

O amor não é um *romantismo*. O amor deita as suas raízes nas regiões mais profundas do nosso ser. Toma a personalidade inteira: a cabeça, o coração e a sensibilidade. Está feito não apenas de sentimentos, mas sobretudo de *convicções*.

É esse amor – e só esse – que, no meio do deserto da alma, nos grita, como àquele piloto, e nos impulsiona novamente a correr e a responder: *ecce ego quia vocasti me* (1 Rs 3, 5); sim, Senhor, aqui estou porque me chamaste! Conta comigo! Sim, vós todos que me aguardais, contai comigo! Esperai por mim! Eu chegarei até vós!

Mas quando este amor falta, olhar nenhum aparece no espelho da consciência, voz nenhuma vem ressoar na alma, e o corpo derrotado só sente a contrariedade como uma derrota definitiva.

Por isso, renovar a fidelidade é renovar o *sentido* do amor. Não o *sentimento* do amor. Não o *entusiasmo* do amor. Mas o amor profundo que não depende da efervescência sensível. Por isso não é digno de um homem dizer: «Deixarei este compromisso de amor porque não sinto ou passou o entusiasmo».

DUAS PALAVRAS FINAIS

Esta forma de pensar vem a constituir, na vida espiritual, uma lei que domina todas as relações do homem com Deus e com os seus semelhantes. Assim o exprimia o grande poeta de Castela, São João da Cruz: «Onde não há amor, põe amor e tirarás amor»[6]. Onde deixou de haver amor com sentimento, põe amor com a vontade seca – com ações de fidelidade concreta – e tirarás esse amor de plenitude que torna a alma radiante.

Se perseverarmos pacientemente na prática dos nossos deveres, ainda que a contragosto, Deus acabará por dar-nos esse amor forte que levanta o ânimo por cima de todas as dúvidas, canseiras e decepções. E poderemos dizer, com a alegria dos vencedores da última batalha: *Quem nos separará do amor de Cristo? A tribulação, a angústia, a fome, a nudez, o perigo ou a espada?...* Não, que *todas essas coisas as superamos graças Àquele que nos amou* (Rm 8, 30).

---

(6) S. João da Cruz, *Cartas e primeiros escritos*, 6-VII-1951.

Seremos capazes de cantar aquele hino de São Paulo, o velho lutador: *Sim, eu estou certo de que nem a morte, nem a vida, nem os anjos, nem os principados, nem a altura, nem o abismo, nem qualquer outra criatura poderá separar-nos do amor de Deus em Cristo Jesus, Nosso Senhor* (Rm 8, 38).

Assim perseveraremos até o fim. Até o momento em que, ao vislumbrarmos já a felicidade sem termo nem limite, ouviremos estas palavras do Senhor: *Vem, servo bom e fiel, porque foste fiel nas pequenas coisas, dar-te-ei a posse das grandes. Entra no gozo do teu Senhor* (Mt 25, 21).

Direção geral
Renata Ferlin Sugai

Direção editorial
Hugo Langone

Produção editorial
Gabriela Haeitmann
Ronaldo Vasconcelos

Capa
Gabriela Haeitmann

Diagramação
Sérgio Ramalho

ESTE LIVRO ACABOU DE SE IMPRIMIR
A 04 DE ABRIL DE 2022,
EM PAPEL IVORY 75 g/m^2.

IMPRESSÃO:

PALLOTTI
GRÁFICA

Santa Maria - RS | Fone: (55) 3220.4500
www.graficapallotti.com.br